地球と平和を守る 国際条約

①平和

核兵器禁止条約・化学兵器禁止条約

ほか

監修：遠藤研一郎

広島の原爆ドームは、原爆のひさんさを今に伝えています。

汐文社

はじめに

だれでも幸せに、よりよい毎日を過ごしたいと願っています。しかし、戦争によって大切な家族や家をうしなう人がいます。環境の変化により、消えていく動物たちがいます。差別によって、平等なあつかいをされない人たちもいます。なぜこのようなことが起きるのでしょうか?

世界の国ぐには、協力してこのような問題を解決しようと、さまざまなとりきめをつくりつづけています。「平和」「環境」「人権」、わたしたちの未来を守るための条約です。

これらを知り、学ぶことで、わたしたちがこれからするべきこと、めざすべき未来が見えてくるはずです。どうしたら自分も、世界の人びとも幸せにくらせるのか。条約を糸口にして、もう一度考えてみませんか?

中央大学法学部教授
遠藤研一郎

「国際条約」ってなに?

戦争をふせぐ。
絶滅しそうな生き物の命を守る。
地球環境を守る。
すべての人間の権利を守る。

これらのことは、
ひとつの国だけががんばっても
実現はできません。

だから、
国と国、または国と国際機関との
あいだで約束をむすんで、協力する。
──それが「国際条約」です。

長崎県の平和公園にある"平和祈念像"。

もくじ

該当するSDGs

10 人や国の不平等をなくそう　　**16** 平和と公正をすべての人に

※SDGsとは、国連が、よりよい未来をつくるためにつくった17項目の目標です。

国どうしが協力して平和を守る

世界の国ぐにが平和でありつづけるために
国連軍は平和維持活動をおこなっている。

現代の戦争

現代の世界で起こっている戦争では、威力の強い兵器が使われていて、多くの尊い命がうしなわれています。戦争によって食べ物が足りなくなったり、十分な治療をうけられず感染症にかかったりすることでも、多くの命がうばわれています。

戦争が起こった原因には、土地や資源のうばいあいや、民族・宗教性のちがいなど、さまざまなものが考えられます。

●おもな戦争の歴史

戦争の名前	期間（年）
第一次世界大戦	1914 〜 1918
第二次世界大戦	1939 〜 1945
朝鮮戦争	1950 〜 1953※
ベトナム戦争	1955 〜 1975
湾岸戦争	1990 〜 1991

※1953年に休戦。

まわりの国と協力して平和を維持

世界には、各国が協力関係をむすび、戦争のない安全で平和な世界をめざすためにつくられた機関や機構、とりきめられた条約があります。これらには、さまざまな意見や文化をもつ国どうしの衝突をなくし、たがいを理解しあうためにとても重要な役割があります。

●平和と安全をめざすためのおもな国際機関・機構

国際連合加盟国：193か国（→6ページ）

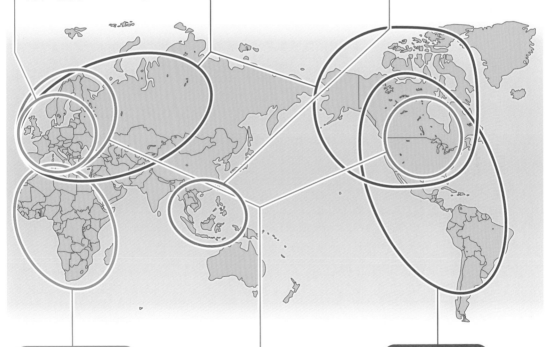

欧州連合（EU）

欧州の27か国が加盟

「欧州統合」をうたい、経済・政治的な協力関係をもち、かつて争いあっていた国ぐにをまとめ、平和の構築につとめている。欧州単一通貨のユーロも導入した。

欧州安全保障協力機構（OSCE）

北米、欧州、中央アジアの57か国が加盟

軍事的な問題だけではなく、経済や環境、人道的な問題解決にとりくむ。

東南アジア諸国連合（ASEAN）

東南アジア10か国が加盟

近年高い経済成長をとげ、世界各国から注目されている。

アフリカ連合（AU）

アフリカ55か国が加盟

EUをモデルにして発足。紛争や自然災害が起こったときに効果的な対応をおこなう。政治的な問題、貧困、紛争の予防や解決にとりくむ。

北大西洋条約機構（NATO）

北米と欧州の計31か国が加盟

加盟国間の安全を保障するための機構だが、加盟していない国にも協力を求め、安全保障を強化している。

米州機構（OAS）

アメリカ合衆国、カナダ、中南米諸国の35か国が加盟

加盟国どうしの紛争や貧困をなくすことなどを目的とする。中米地域での地雷除去活動の支援もおこなっている。

※加盟国数は2023年11月現在のもの。

戦争をくり返さない！
──国連憲章──

国際連合憲章（国連憲章）は、かつてのふたつの世界大戦が終わったあとに定められた大切なきまりごとです。世界じゅうの国ぐにが手をとりあい、よりよい平和な世界をきずくための指針が書かれています。

世界の平和を守る国際機関を

かつて世界では、第一次世界大戦・第二次世界大戦という大きなふたつの戦争が起こりました。それぞれの戦争で数千万人もの命が犠牲になり、世界じゅうで「同じあやまちをくり返してはならない」という思いが強まりました。

第二次世界大戦中の1945年6月に、ひさんな戦争を終わらせることを目的に各国の代表者が会合に参加し、同年10月に51の加盟国によって国際連合（国連）が発足しました。現在は193か国と、世界のほとんどの国が加盟しています。

この国連の基本文書を「国際連合憲章」といいます。

ニューヨークにある国連本部

●国連憲章前文

われら連合国の人民は、

われらの一生のうちに二度まで言語に絶する悲哀を人類に与えた戦争の惨害から将来の世代を救い、

基本的人権と人間の尊厳及び価値と男女及び大小各国の同権とに関する信念をあらためて確認し、

正義と条約その他の国際法の源泉から生ずる義務の尊重とを維持することができる条件を確立し、

一層大きな自由の中で社会的進歩と生活水準の向上とを促進すること並びに、このために、寛容を実行し、且つ、善良な隣人として互に平和に生活し、国際の平和及び安全を維持するためにわれらの力を合わせ、共同の利益の場合を除く外は武力を用いないことを原則の受諾と方法の設定によって確保し、

すべての人民の経済的及び社会的発達を促進するために国際機構を用いることを決意して、

これらの目的を達成するために、われらの努力を結集することに決定した。

よって、われらの各自の政府は、サン・フランシスコ市に会合し、全権委任状を示してそれが良好妥当であると認められた代表者を通じて、この国際連合憲章に同意したので、ここに国際連合という国際機構を設ける。

出典：国連広報センター

日本は国連発足の11年後に加盟

日本は、国連が発足してから11年後の1956年12月18日に国連加盟国となりました。加盟後は、国連のおもな3つの活動である「平和と安全」「開発」「人権」を中心に問題解決にとりくみ、国連にとってなくてはならない存在となっています。

国際連合のはた

● 平和を守る国連の活動

❶ 平和維持

紛争が起こっている地域に特別なチームを送り、平和な日々をとりもどすための活動をおこなっています。

❷ 国どうしの関係をとりもつ

これまで、国連の手助けによってたくさんの問題が解決しました。国と国の紛争を防止するために、外交や支援活動がおこなわれ、世界じゅうの問題や争いが約40％もへったといわれています。

❸ 核は平和のために

戦争に核兵器を使用させないように、国際原子力機関（IAEA）※という機関が50年以上、世界じゅうの核兵器を調査・監視しています。

❹ 地雷をとりのぞく

国連は30の国と地域で、地雷をとりのぞく活動をおこなっています。また、人びとに危険を回避する方法を教えたり、地雷の被害者のサポートをしたりしています。

❺ テロの防止

国連は、テロ防止策として新しい法律をつくったり、人質やハイジャックの問題を解決するための協定をむすんだりしています。

※IAEAは、国連の保護下にある自治機関です。

世界の平和と安全を守る 安全保障理事会

安全保障理事会は国連の一部で、世界じゅうの国ぐにが協力して平和と安全を守るために活動しています。この理事会は、5つの常任理事国と、10の非常任理事国からなります。世界じゅうで起こっている問題や紛争を解決することを役割としています。争いが起きたときは、理事会でその問題点を考え、平和に解決する方法をさぐります。

PKOってなに？

PKOは「平和維持活動」のことです。これは国連がおこなう大切な活動で、世界じゅうで起こった問題や争いをおさめ、平和を保つためにおこなわれています。

国連では、紛争がある場所へ軍隊や専門家たちを送り、そこでの平和を助けます。戦争が終わったあとも、人びとが安心して生活できるようにするために、国連軍がその地域に行って手助けします。

みんなが安心して過ごせるようになることが、PKOの大切な目標のひとつです。

冷戦のなかで国を守る

――北大西洋条約――

北大西洋条約は、冷戦とよばれた時代にむすばれた、国どうしがたがいに助けあい、平和を守ることを目的とした協定です。

武器を使わない戦争「冷戦」

冷戦時代は、第二次世界大戦後、アメリカ合衆国（西側）とソビエト連邦（東側）が対立した時期のことを表します。武力を使った直接的な戦いはありませんでしたが、はげしく対立していたため、「冷戦」冷たい戦争とよばれました。

この冷戦は、1989年のベルリンの壁の崩壊と、1991年のソビエト連邦の崩壊により終わりをむかえました。しかし、冷戦が終わったあとも、世界の国ぐにでは対立や争いがつづいていて、新たな問題や戦いに発展しています。

「東側」「西側」ってなに？

冷戦の時代に使われていたことばで、国どうしが政治的に対立していたことを表します。

東側…ソビエト連邦（おもに現在のロシア）を中心とした「社会主義」の陣営です。

西側…アメリカ合衆国を中心とした「資本主義」の陣営です。

社会のしくみのちがいなどから、対立を深めていきました。

ベルリンの壁あと地。

●東西ドイツ（1961～1989年）

ドイツは第二次世界大戦で敗れ、はじめはアメリカ合衆国、イギリス、ソビエト連邦、フランスの4か国に支配されることになりますが、ソビエト連邦とほかの3か国が対立したため、東側（ソ連管理）と西側（米英仏管理）にわけられました。

ベルリンの壁

1961年にドイツのベルリン市をふたつにわける大きな壁がつくられました。この壁は東ベルリンと西ベルリンを仕切っていて、家族がはなればなれになってしまった人びともいました。1989年にこの壁は崩壊し、ドイツはふたたび統一されました。

西側の国ぐにが たがいに協力

第二次世界大戦後の1949年、アメリカ合衆国や西ヨーロッパを中心とした国が集まり、北大西洋条約をむすびました。この条約によってNATO（北大西洋条約機構）が誕生しました。

北大西洋条約では、ひとつの加盟国に対する攻撃はNATO全体に対する攻撃とみなし、攻撃をうけた国を加盟国が力をあわせて支援することを定めています。

●NATO（北大西洋条約機構）の加盟国（2023年現在）

アイスランド、アメリカ合衆国、アルバニア、イギリス、イタリア、エストニア、オランダ、カナダ、北マケドニア、ギリシャ、クロアチア、スペイン、スロバキア、スロベニア、チェコ、デンマーク、ドイツ、トルコ、ノルウェー、ハンガリー、フィンランド、フランス、ブルガリア、ベルギー、ポーランド、ポルトガル、モンテネグロ、ラトビア、リトアニア、ルーマニア、ルクセンブルク

日本はNATOの パートナー

日本は地理的な理由からNATOに加盟していませんが、パートナーとして西側の国ぐにと協力関係をむすび、たがいに助けあいながら国の安全を守っています。

ロシアがウクライナを攻撃

ロシアは冷戦当時のソビエト連邦（東側）の中心的な存在であり、かつて対立してきた西側諸国のNATOを敵だと主張してきました。かつて東側だったウクライナがNATOへの加盟をめざすことになり、これが実現すると、国境を接するロシアの安全が保障されなくなると考えています。このような理由から、2022年にロシアのウクライナへの侵攻がはじまりました。

また、ウクライナ侵攻後、ロシアのとなりのフィンランドが国の安全を守るために新たにNATOに加盟したため、NATO加盟国は、2023年時点で、31か国となりました。

領土について考えよう

領土ってなに？

「領土」とは、国がもっている土地のことで、国としてみとめられるために、必要なものです。国がある土地をもっていることを「領有」、土地をもつ権利のことを「領有権」とよびます。それぞれの国の領土のなかでは、その国の土地の所有をめぐって法律が適用されますが、国と国のあいだで問題が起こることもあります。これを「領土問題」といいます。日本はロシアとの北方領土問題、韓国との竹島問題などをかかえています。

ロシア軍の攻撃をうけたウクライナの首都キーウ。

空と海にも国境はあるの？

土地と同じく、空や海にも国境はあります。それぞれの領域を「領空」「領海」とよんでいます。領海の範囲は国連によって、「基線（通常は海岸の低潮線）から12海里（約22.2km）まで」と決められています。領空は領土と領海の上空までがその範囲です。領海・領空にも領土と同じく、国ごとにきまったルールが適用されます。

自分たちの国の領海の範囲では、自分たちで決めたルールにもとづいて魚をとったり、違法な輸入・輸出をとりしまったりすることができます。

また、領空のなかは、その領空をもつ国の許可なしに飛行機などで飛ぶことはできません。このようなきまりがあることで、日び上空を行きかう飛行機同士がトラブルを起こさず飛ぶことができているのです。

長崎の対馬から見える韓国。

月はだれのもの？

　月は特定の個人や国のものではなく、世界が共有するもののひとつです。月は「宇宙条約」によって、どの国も月を所有することはできないと定められています。将来的には、月について新しいルールなどがとりきめられる可能性もありますが、現時点では、月の土地を個人や国が買ったりもったりすることはできません。

　このように、月やそのほかの天体など独占的な支配になじまないものは、領有を主張したり、売買することはできません。

　また、月以外にも、南極も1959年採択の「南極条約」により、平和的利用と科学的調査の自由が定められ、領土の主張や、資源の開発などはできません。

夜空に浮かぶ満月。

●日本の領土と領海

　日本は現在、本州や北海道、九州、四国などの島じまをあわせたおよそ37万8,000平方キロメートルの領土をもっていますが、北方領土はロシアと、竹島の領土は韓国と、尖閣諸島の領土は中国と、それぞれ領有権をめぐって争っています。

　そこで、その地域の近くではとくに、相手国が、日本の領海や領空に入りこみ（これを、「侵犯」といいます）、ときどき、日本と相手国とのあいだで、小さな衝突が起きています。今後、大きな衝突に発展しないよう、話しあいにより平和に解決していかなければなりません。

　日本は、このような問題に対し、しっかりと警備をして領土・領海・領空を守りながら、わが国の主張を相手国に伝えていこうとしています。

日本の領海を監視する巡視船。

日本とほかの国との とりきめってなに?

第二次世界大戦の戦争処理について、アメリカ、イギリス、ソ連の首脳の話しあい "ポツダム会談" がおこなわれた、ドイツの "ツェツィーリエンホーフ宮殿"。

サンフランシスコ平和条約

　サンフランシスコ平和条約は、第二次世界大戦後に、平和をとりもどす目的で、1951年に日本と連合国48か国のあいだでむすばれた条約です。この条約により、日本は占領を解かれ、外国との交友関係を回復することができました。また、現在の日本の領土（⇒10ページ参照）を確定したのも、この条約です。

サンフランシスコ平和条約をむすんだときの、日本の内閣総理大臣・吉田茂の像。

日本とほかの国とのきまりごととは？

日本はほかの国とのあいだにさまざまなきまりごとをしています。たとえば、国どうしの争いをさけ、戦争をしないようにするための「平和」に関すること、国どうしが物やサービスを交換しあい豊かな生活を送るための「貿易」に関すること、世界が共有する大切な場所である地球を守るための「環境問題」に関することなどについて、とりきめや約束をしています。そのあかしとして、関係国のあいだで「宣言」をする場合があります。そして、より効力の強いとりきめや約束が、「条約」です。

平和をたもつためにどんな条約がある？

日本は、平和を守るために、アメリカ合衆国や中国、韓国などと条約をむすんでいます。それぞれの条約には異なる背景や目的がありますが、共通していえることは、日本が他国との良好な関係をつくり、困ったときや問題が発生したときにはたがいに協力しあって解決していく体制をととのえるということです。

●おもな条約

1951年	サンフランシスコ平和条約
1951年	日米安全保障条約
1960年	日米地位協定
1965年	日韓基本条約
1978年	日中平和友好条約

条約で守られていること

上記のような条約では、武力を使わず、話しあいで平和に問題を解決していくことがもとめられています。これによって、戦争の発生をさけることができ、各国の平和を守ることができます。

条約をやぶるとどうなる？

国と国のあいだでむすんだ条約をやぶると、その国の信用がうしなわれ、ほかの国に協力をもとめることができなくなり、世界で孤立してしまう可能性があります。条約をきちんと守ることではじめて、平和で協力的な関係をたもてるのです。

日本とアメリカとのとりきめ
──日米安全保障条約──

日米安全保障条約は、日本とアメリカ合衆国のあいだで、サンフランシスコ平和条約と同時にむすばれた条約です。日本への武力攻撃などをおさえ、安心してすごせる平和な未来をつくるためのきまりごとが定められています。

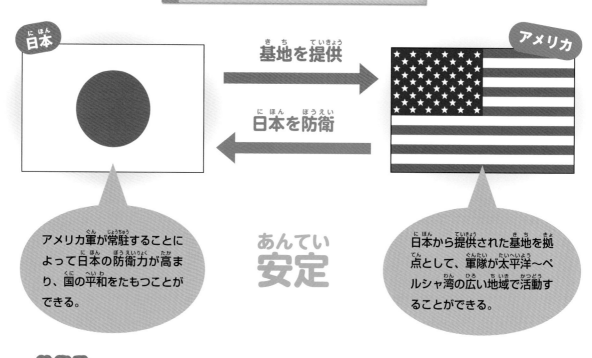

日米安全保障条約のしくみ

日本 ──基地を提供→ アメリカ

アメリカ ──日本を防衛→ 日本

アメリカ軍が常駐することによって日本の防衛力が高まり、国の平和をたもつことができる。

安定

日本から提供された基地を拠点として、軍隊が太平洋〜ペルシャ湾の広い地域で活動することができる。

問題点

　　日本はアメリカ軍に対して多額の資金援助（令和3年度の負担額：約2,017億円）をおこなっているためその負担が大きいことや、米軍基地のまわりの騒音、環境問題などで地域住民との対立が起こっています。とくに、日本の米軍基地の約75%が沖縄県に集中することも、問題視されています。

日本とアメリカとの関係

　かつて、第二次世界大戦などではげしく対立した日本とアメリカですが、現在はその反省を生かし、日米安全保障条約をはじめとしたさまざまな条約や外交をつうじて信頼関係をつみかさね、良好な関係をたもっています。経済や文化など幅広い分野での交流もさかんにおこなわれていて、たがいの国の魅力を共有しあっています。

日米友好のあかしとして、アメリカの議会議事堂前に植えられた桜。

どうして日本にアメリカの基地があるの?

　日本にアメリカの基地があるのは、日米安全保障条約で、アメリカが日本の安全を保障することが定められているためです。日本にアメリカの基地があることで、日本に危機がせまったとき、すぐに対応してもらえるのです。一方で、基地周辺の航空機事故の危険性や騒音による被害などが問題視されており、基地の移転計画もうまくすすんでいないのが現状です。

沖縄の普天間基地のすぐ近くには住宅地がある。

日米安全保障体制とは

　日米安全保障条約をもとにした日本とアメリカとの同盟関係のことです。日本は国の安全を守るため、アメリカに基地を提供することで手助けしてもらっています。最近では、ミサイル防衛やサイバー、宇宙、海の安全保障など、さまざまな分野で協力を広げています。

神奈川県の横須賀に停泊する米海軍揚陸指揮艦ブルーリッジ。

日本と中国とのとりきめとは？

——日中平和友好条約——

1978年に、日本と中国は、両国の平和や経済的な交流、発展などのために努力することを約束しました。これが「日中平和友好条約」です。その背景や内容、条約によって日本と中国に起こった変化などを見てみましょう。

日本と中国との平和の約束

かつて、日本と中国は、満洲事変や日中戦争などにより、対立した状態にありましたが、1972年、内閣総理大臣の田中角栄が、外務大臣の大平正芳らと中国の北京を訪問し、中国と日本の交流を回復させる（国交正常化）ための話しあいをおこないました。このことがきっかけで、同年9月に日中共同声明が出されました。そして、1978年には日中平和友好条約がむすばれ、日本と中国の国交関係は正式に回復することとなりました。

どんな変化があった？

この条約により、中国と日本はそれぞれの国を自由に行き来できるようになり、たくさんの人びとが観光に訪れているほか、環境問題や医療などの分野でも、問題の解決に向けて協力しあっています。また、近年、中国が日本にとって最大の貿易相手国となり、両国の交流はさまざまな分野でますます活発になってきています。

たくさんの日本人観光客が訪れる、
中国の世界遺産 "万里の長城"。

会談がおこなわれた中国北京 "人民大会堂"。

どんなとりきめがされた？

日中平和友好条約では、日本と中国が平和で友好的な関係をつくることを約束しています。

具体的には、紛争が起こった場合は話しあいなどの平和な手段で解決し、武力を使わないことや、たがいの経済や文化を協力しあって発展させること、人びとの交流もさかんにさせるために努力していくことなどがふくまれています。

※この条約は、日本と中国以外の国には影響をあたえないとされています。

中国にのこされた残留孤児の問題

第二次世界大戦後、日本へ帰国できずに中国で生きのびた人たちを残留孤児（邦人）といいます。彼らは長いあいだ日本語や日本の文化にふれていないため、日本に帰ることはできても、日本語や日本の社会になじむために多くの努力が必要であることが問題になっています。日本政府は彼らのために、帰国や日本語教育の支援などをおこなっています。

多くの日本人が住んでいた中国東北部の"旧満洲"。

どうして日本にパンダが来たの？

日本と中国の国交が回復した記念として、「中国の国宝」ともよばれているパンダが日本へ贈られることになりました。1972年に東京都恩賜上野動物園にやってきた2頭のパンダ（「ランラン」と「カンカン」）は、その愛らしい姿から大きな話題となりました。現在わたしたちが日本の動物園でパンダを見ることができるのも、このできごとがきっかけで中国との交流がつづいているからなのです。

"中国の国宝"とよばれるパンダ。

日本と韓国とのとりきめとは？
―――日韓基本条約―――

現在、食、テクノロジー、ポップカルチャーをはじめ、さまざまな分野で日本と深い交流があるおとなりの韓国。韓国とのあいだにはどんなとりきめがあり、現在の日本と韓国の関係は、どのようにしてつくられてきたのでしょうか。

どんなとりきめがされた？

　1972年に日本と韓国のあいだでむすばれた日韓基本条約では、両国の国交を回復させることを定めています。日本は、植民地としていた韓国を開放し、韓国の発展のために支援をすることも約束しました。これ以降、韓国と日本は壁をとりはらい、文化や人の交流も大切にし、良好な関係をきずいています。

韓国の旧大統領府である "青瓦台"。

●条約までの流れ

1894年	下関条約で、朝鮮が清（現在の中国）から独立。
1910年	日韓併合ニ関スル条約（のちに無効とされた）。
1945年	日本が朝鮮半島を保護国とする⇒日本の敗戦
1951年	日韓の国交回復への話しあいがはじまる⇒反対運動も多く、難航
1965年	10年以上におよぶ話しあいのすえ、日韓基本条約がむすばれる⇒両国の関係は良好に

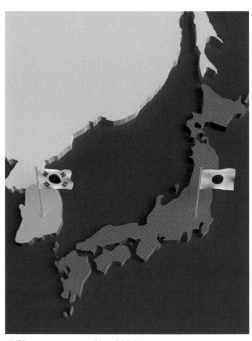

日本のおとなりの国「韓国」。

条約後の変化

日韓基本条約がむすばれたあとは、日韓の関係は回復し、貿易などでもたがいになくてはならない国になっています。日本の町では韓国語（ハングル）を目にする機会がふえ、最近では「K-POP」とよばれる韓国の音楽が、日本でも若い人たちを中心に人気を集めていて、韓国へ観光に行く人もふえました。同様に韓国でも日本のポップカルチャーが人気を集めています。しかし、政治的に見ると、両国のあいだには竹島をめぐる問題なども残っていて、すべての問題を解決するにはまだまだ話しあいが必要です。

韓国文化が多く集まる東京の新大久保。

日韓で開催された サッカー世界最大の祭典

2002年には、日本と韓国で協力しあいサッカーW杯が開催されました。初のアジア大陸、そして2か国での開催とあって、大いに盛りあがりました。

この大会開催を機に、日本と韓国では、スポーツや文化をとおし、さまざまな交流をするようになりました。

この大会により日韓の交流が、さらにさかんになった。

日本と北朝鮮

戦後朝鮮半島は2つの国にわかれました。その片方である北朝鮮と日本はいまだに正式な交流がなく、緊張した状態がつづいています。日本は、拉致やミサイルの問題を解決し、北朝鮮とも交流する機会をもち、平和な関係をつくれるよう努力をつづけています。とくに拉致問題は深刻で、被害者が日本へ1日でも早く帰国できるよう、問題の解決が急がれています。

板門店にある韓国と北朝鮮の軍事境界線。

日本とロシアのとりきめ
──日ソ共同宣言──

ソ連との交渉により、日本とソ連の国交を回復させることなどを約束した「日ソ共同宣言」。この宣言によって、日本は国連に加盟し、国際社会に復帰しました。この宣言が調印されるまでの経緯や内容、いまも残る問題点について見ていきましょう。

日本とソ連のあいだのとりきめ

日本の敗戦後、ソ連は、1951年のサンフランシスコ平和条約に参加しなかったため、日本とは法的には戦争が可能な状態がつづいていました。この状態を解消することを目的に、当時の内閣総理大臣である鳩山一郎がソ連との交渉を重ね、1956年に日ソ共同宣言が発表されました。この宣言では、日本とソ連の戦争（状態）を終わらせ、国交を回復させることなどが約束されています。なお、日本はソ連と国交を回復させたのち、国際連合へ加盟しました。

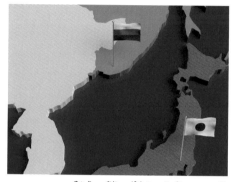

じつはとても距離の近い場所に位置する、日本とロシア。

旧ソ連時代のモスクワ"赤の広場"。

1956年に日ソ共同宣言を発表したときのソ連の書記長フルシチョフ。

中ソ中立条約 （1941 ～ 1945年）

第二次世界大戦前の日本とソ連は、対立していた時期もあったものの、1941年には日ソ中立条約をむすび、たがいの国を攻撃せず、平和な関係をたもつこと、一方がほかの国と戦争になったときは、もう一方の国は中立の立場を守ることなどを約束していました。しかし、終戦直前の1945年にソ連がこの条約をやぶり、当時日本の占領下にあった満洲や朝鮮北部に侵攻しました。

終戦後 （1951 ～ 1956年）

日本は1951年のサンフランシスコ平和条約に不参加であったソ連と個別に平和条約をむすぶことを考え、話しあいを重ねました。さまざまな進展があったものの、北方領土の領有についての問題は解決できなかったため、正式な平和条約は先のばしされ、のちに交渉することをめざしました。

日ソ共同宣言 （1956年～）

戦争状態を終わらせることを約束した「日ソ共同宣言」によって、日本とソ連の戦争状態は終わり、関係が回復します。その後は経済、貿易、文化といったさまざまな分野でたがいの発展に貢献してきましたが、領土問題は現在もまだ解決していません。

ソ連崩壊 （1991年～）

1991年、ソ連の政治体制が崩壊すると、ロシアをはじめとしたいくつかの国に分れつしました。北方領土問題がロシアにひきつがれ、日本はロシアと話しあいをつづけています。

ロシアとの関係 （現在）

1990年からロシアの大統領をつとめていたエリツィンは、日本との国交に積極的で、北方領土問題を解決しようとするしせいも見せていました。しかし、プーチンが大統領となり、ロシアによるウクライナへの攻撃もあり、日本はしばらくのあいだ、ロシアとの平和条約締結の交流を見送ることにしています。

北方領土問題

日本政府は、北海道の東にある北方四島（択捉島、国後島、色丹島、歯舞群島）は、日本の領土であると主張しています。しかし、1945年以降、ソ連（ロシア）が北方四島を実質的な領土としています。政府は、北方四島の問題を解決するために交渉をつづけています。

青色の部分が北方四島。

コラム❷

国どうしの裁判について考えよう

どんなときに国どうしの裁判になるの？

　国どうしの裁判は、あまりひんぱんに起こるものではありません。なぜなら、ほとんどの場合、国どうしが交渉や話しあいを重ねて問題解決に努めるからです。しかし、話しあいだけではどうしても解決できない法的な問題や領土・国境などをめぐる問題が起こったときには、国際裁判という手段を使うのです。

オランダのハーグにある国際司法裁判所の本部。

おもな国際裁判所

　国際裁判所にはおもに以下のような機関があります。

● 国際司法裁判所（ICJ）…第二次世界大戦後の 1946 年に国連の機関として設立。政治、核兵器、テロリズム、人権などさまざまな問題や事件をあつかう。「国家どうし」の争いをあつかい、個人や会社は裁判できない。

● 国際刑事裁判所（ICC）…1998 年に設立。日本をふくむ 160 か国が参加。おもに「個人」が犯した殺人や反人道行為、戦争・侵略に関する犯罪をあつかう。

● 常設仲裁裁判所（PCA）…1901 年に設立。日本をふくむ 121 か国が参加。国・個人のあいだの紛争などを解決するために仲介をおこなう機関。

● 国際海洋法裁判所（ITLOS）…海洋法をもとに、海洋における紛争や環境・資源問題をあつかう。

● 投資紛争国際解決センター（ICSID）…国どうしの投資に関する問題や事件をあつかう。

オランダのハーグにある国際刑事裁判所。

国際裁判の流れ

（国際司法裁判所の場合）

　ICJの裁判官は、国連総会と国連安全保障理事会で選ばれた15名で構成されていて、任期は9年ときめられています。

　国と国のあいだで起こった問題が話しあいだけでは解決しない場合、一方の国もしくは両国がICJに申し立てて、書類、口頭による手つづきをおこないます（なお、申し立てがないのにICJが自発的に紛争を取り上げて判決を出すことはありません）。

　その後、裁判官らは提出された問題や両国の意見をもとに判断し、問題解決のために判決をくだしたり、司法命令を出したりします。ICJによる判決や命令には法的な拘束力があるため、対象となる国は、かならずその内容にしたがわなければなりません。

裁判の例
領土および海洋紛争事件
（ニカラグア対コロンビア）

カリブ海に面する2つの国・コロンビアとニカラグアの島じま・海をめぐる事件

2001年

コロンビアが領有する島じまがニカラグアのものであるという主張、漁業に関わる問題などを理由に、ニカラグアがコロンビアを相手に裁判の手つづきを開始。

↓

2007年

ICJは、3島（サンアンドレ、プロビデンシア、サンタカタリナ）はコロンビアの領有であることをみとめたが、ほかの島じまについてはひきつづき審査をつづけることとなる。

↓

2012年

ICJが島じまの領有権について最終決定をくだした。島じまはひきつづきコロンビアが領有することをみとめたが、2つの国の海の境界線は変更され、一部がコロンビアからニカラグアの領海に変更された。

●国際法ってなに?

　国際法とは、国と国のあいだの関係を定めた法のことです。また、国際法は、国際組織、外交、国際紛争の解決などに関する「平時国際法」と、戦争の開始、交戦法規、占領などに関する「戦時国際法」に区分されています。

　条約は、国どうしの合意にもとづいて成立します。条約は、どこかの国が一方的に有利になることがないようとりきめられていて、ほとんどの国が守っていますが、条約をむすんでいない国に対しては拘束力をもたず、かならずしも強制力があるわけではないことが課題になっています。

兵器の使用を制限する

アメリカによるビキニ環礁での水爆実験。放射能による被害が大きな問題となり、核兵器のおそろしさが広く知られるきっかけとなりました。その後、全世界で原爆・水爆をふくむ兵器の使用禁止運動がはじまりました。

大量破壊兵器とは

　大量破壊兵器は、広い範囲に深刻な被害をおよぼす能力をもつ兵器の総称です。以下の3つが大量破壊兵器の代表です。

●核兵器 …… 核分裂または核融合によって巨大なエネルギーを放出する兵器。原子爆弾や水素爆弾がふくまれる。

●生物兵器 … 病原体や毒素を使い、広範囲にわたって人間や動物、植物に影響をおよぼす兵器。感染症を拡大させたり、有害な物質を放出したりすることで健康被害をひき起こす。

●化学兵器 … 科学的な毒物などを使用し、人間、動物、植物などに影響をおよぼす兵器。神経ガスや劇薬などがその例。

生物兵器・化学兵器は第一次世界大戦から

第一次世界大戦では、戦車や潜水艦、航空機などの兵器が投入されるとともに、化学兵器や生物兵器も本格的に使われはじめました。たとえばドイツでは、生物兵器としてコレラなどの菌類を使用するための研究がおこなわれていました。また、強力な毒ガス（催涙ガスや塩素ガス）が実際に使われました。化学兵器による死亡者は9万人、負傷者は100万人以上にのぼるとされています。その後、多くの国ぐにのあいだで毒ガスの使用を禁止するジュネーブ議定書がむすばれました。

第二次世界大戦で、日本が世界初の被爆国に

第二次世界大戦時は、ジュネーブ議定書により化学兵器がおもな兵器になることはありませんでしたが、日本でも毒ガスの製造をつづけていました。ナチスドイツでは、チクロンとよばれる毒ガスをユダヤ人に対して使用し、大量殺りくをおこないました。また、アメリカによって世界ではじめて日本に原子爆弾が投下され、数十万人の犠牲者を出しました。こうした経緯から、核・化学兵器の保持や開発を禁止する条約がつくられました。

第二次世界大戦時にナチスドイツによってユダヤ人大量虐殺がおこなわれたポーランドの"アウシュヴィッツ強制収容所"。

特定通常兵器の禁止とは

核兵器、化学兵器、生物兵器以外の通常兵器に対しても、無差別に被害をおよぼすもの、過剰な傷害の効果があると考えられるものに関しては、使用を制限すべきであると定めた「特定通常兵器使用禁止制限条約」があります。

これにより、大量破壊兵器にくわえて、地雷やレーザー兵器などの使用が制限されています。

さばくにうめられた地雷。

核兵器のない世界に向けて
──核兵器禁止条約・核拡散防止条約──

第二次世界大戦中の1945年8月6日、世界ではじめて日本の広島に原子爆弾が投下されました。その3日後の8月9日には長崎にも投下され、のべ20万人以上の人びとが犠牲になりました。この悲劇をくり返さぬよう、核兵器の使用や拡散を禁止する条約ができました。

核兵器禁止条約とは

核兵器は一度使用されれば、じん大な被害をもたらします。また、誤って使用されたり、テロに用いられたりする危険性もあります。核兵器禁止条約は、このような非人道的な核兵器の開発・保有・使用などを例外なく禁止することと、核による被害者の権利を定めた条約です。条約の前文では、広島・長崎の被爆者や核実験の被害者がこうむった大きな苦しみや、彼らのこれまでの活動・努力がしめされています。この条約は2017年に採択されましたが、核兵器保有国やNATOの国ぐにが不参加のため、韓国、オーストラリア、日本などは意味をなさないと考え、参加をしていません。

●核保有国　核保有年　最初の核実験の実施場所（実験名）の一例

核保有国	核保有年	最初の核実験の実施場所（実験名）
アメリカ	1945年～現在	アメリカ国内（トリニティ実験）
ロシア（ソ連）	1949年～現在	カザフスタン（RDS-1）
イギリス	1952年～現在	モンテベロ諸島（ハリケーン作戦）
フランス	1960年～現在	アルジェリア中部（ジェルボアーズ・ブルー）
中国	1960年～現在	新疆ウイグル自治区（596）
インド	1974年～現在	トロンベイ（微笑むブッダ）
パキスタン	1998年～現在	パキスタン（チャーガイⅠ）
北朝鮮	2006年～現在	北朝鮮国内地下（北朝鮮の核実験）

※このほかにも、核兵器をもっているといわれる国もあります。

核拡散防止条約とは

核拡散防止条約は、核兵器をもつ国をこれ以上ふやさないことを目的とした条約です。現在190か国がこの条約に参加しています。条約は、核兵器をもつ国ともたない国の区別を定め、核兵器をもつ国は新たに核兵器をつくったりほかの国にゆずりわたしたりしないことを約束し、もたない国はこれからも核兵器を開発したり入手したりしないことを求めています。それぞれの国が約束を守っているかどうかは、国際的な機関によってチェックされています。このほかに、兵器の縮小と平和の促進についても条約の内容にふくまれていますが、具体的な方法は定められていません。

核兵器廃絶国際キャンペーン

ICAN（核兵器廃絶国際キャンペーン）は、核兵器を禁止して世界からなくすことを目的に活動を開始したNGO（非政府組織）の連合体で、現在、日本をふくむ101か国468団体が参加しています。ICANは2007年にオーストラリアで発足して以来、赤のピースマークで弾頭をへし折るシンボルマークをかかげ、政府と協力しながら核兵器のおそろしさを伝え、核兵器を禁止するキャンペーンをおこなってきました。彼らの活動は核兵器禁止条約の採択などに貢献し、2017年にはノーベル平和賞を受賞しています。

ニューヨークの国連本部で講演する、ICAN事務局長。

世界でゆいいつ原爆を投下された国、日本

日本は世界でゆいいつ原爆を落とされた国です。広島と長崎は被爆地となり、じん大な被害をうけながらも、力づよく復興をとげてきました。日本では、核兵器禁止条約がむすばれる前の1967年に「核兵器をつくらない、もたない、もちこませない」とする非核三原則をかかげており、原爆を落とされた国として犠牲になった人びとへ平和を約束するとともに、同じあやまちをけっしてくり返すことのないよう、核兵器をなくすために世界に向けてうったえつづけています。

原爆投下のひさんさを今に伝える、広島の原爆ドーム。

化学兵器を禁ずる
——化学兵器禁止条約——

危険性が高く、人や環境に深刻な被害をもたらす化学的な毒物や有害物質の使用を禁止する「化学兵器禁止条約」。この条約では、化学兵器を使用することだけでなく、製造すること、保有することも禁止しています。

化学兵器とは

化学兵器とは、危険な化学物質を兵器として用いるものです。神経に被害をもたらすサリンやタブン、皮膚のただれを起こすイペリット、窒息性の塩素ガス、催涙ガスなど、その種類は多岐にわたります。これらの化学兵器は、広い範囲に急速かつ深刻な被害をもたらすため、きびしく管理されています。1995年には、東京の地下鉄にサリンがまかれる「地下鉄サリン事件」が発生し、多くの人びとを殺傷したことから、国だけではなく、テロ組織による製造も問題になっています。

地面に投げられた催涙ガス爆弾。

化学兵器禁止条約とは

化学兵器禁止条約は、世界各国に対して、大きな苦痛や被害、死をもたらすような化学兵器の使用、製造、保有をしないことを義務づけ、化学兵器を保有している国に対してはそれらを手放すことを義務づけた条約です。1925年のジュネーブ議定書で、戦争中の化学兵器の使用が禁止されましたが、のちのイラン対イラク戦争でイラク軍が毒ガスを使用したことから、あらためて問題視され、化学兵器の使用だけでなく、製造や保有も禁止されることとなりました。現在193か国がこの条約に参加しています。

ガスマスクをつけた兵士たち。

条約の強化にむけたとりくみ

化学兵器禁止条約を強化するために、国どうしが助けあって化学兵器の禁止を広げること（普遍化）、国ごとに禁止を強化することにとりくんでいます。また、新しい国がこの条約に参加する場合は、サポートや情報の提供を積極的におこなっています。この活動の進ちょく状況は毎年報告され、目標や活動状況をふり返りながら、とりくみをつづけています。

●禁止までの流れ

1925年	第一次世界大戦後、ジュネーブ議定書により窒息性ガス、毒性ガスの「使用」が禁止されたが、それらをつくること、保有することなどは禁止されず。
1969年	ウ・タント国連事務総長から化学兵器がおよぼす影響や問題がしめされ、化学兵器禁止に関する話しあいがおこなわれるようになる。
1980年	化学兵器禁止特別委員会が設置され、化学兵器禁止のための交渉がはじまる。
1992年	化学兵器の開発、生産、保有などを全面的に禁止することを定めた化学兵器禁止条約が採択される。
1997年	同条約が発効する。
1998年	化学兵器禁止機関が設立される。

化学兵器禁止機関とは

化学兵器禁止機関（OPCW）は、化学兵器禁止条約の第8条にもとづき、1997年にオランダのハーグに設立された、化学兵器の禁止と拡散を防止するための活動をおこなう組織です。192か国がこの機関に参加しており、日本からも、化学兵器の専門家として、陸上自衛隊の自衛官が派遣されています。この機関がつくられた1997年以降、6万7000トンもの化学兵器を世界からなくしました。機関の調査官たちは、世界86か国以上で調査をかさねており、化学兵器を新たにつくらないように監視したり、すでにつくられたものは破棄するよう勧告したりしています。また、どこかの国が化学兵器により攻撃をうけた場合は、その国を支援するために迅速かつ効果的に対応することができるよう調整・訓練しています。化学兵器禁止機関による化学兵器をなくすためのとりくみが評価され、2013年にはノーベル平和賞を受賞しています。

生物兵器

生物兵器は、生物剤（天然痘ウイルス、コレラ菌、炭そ菌、ボツリヌス毒素など）やこれらをもつ生物を使用して、人や動植物に害をもたらす兵器のことで、大量破壊兵器のひとつとして知られています。これらは自然に発生する病気との区別がむずかしく、感染性のものについては、一度使用されると広い範囲で長い期間被害がつづくという特徴があります。

また、消毒で生物兵器を使用した証拠を消すことも可能なため、とりしまることが困難なのが現状で、生物兵器を検出する方法などの確立が課題となっています。

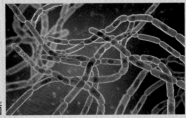
炭そ菌

平和条約・年表

年号	条約名	世界のできごと	日本のできごと
1945年	国際連合憲章	人類初の核実験がおこなわれる（アメリカ）／第二次世界大戦終結	8月6日に広島、9日に長崎に原爆が投下される／ポツダム宣言受諾、第二次世界大戦終結
1949年	北大西洋条約	海王星の第二惑星ネレイドが発見される／エヴァンス事件が発生（イギリス）	通商産業省（現・経済産業省）発足／湯川秀樹が日本人初のノーベル賞受賞
1951年	サンフランシスコ平和条約	ダグラス・マッカーサーが軍を退役／社会主義インターナショナルが結成される	ユネスコが日本の正式加盟を承認／列車火災事故で106人が死亡（神奈川県・桜木町事故）
1951年	日米安全保障条約		
1956年	日ソ共同宣言	ハンガリー動乱が勃発／IBMが世界初のハードディスクを発売（アメリカ）	日本初のスーパーマーケット「丸和フードセンター」開店
1960年	日米地位協定	石油輸出国機構（OPEC）結成／国際開発協会（第二世界銀行）設立	カラーテレビ本放送開始／ベルマーク運動が開始
1963年	核拡散防止条約	ジョン・F・ケネディ大統領がパレード中に暗殺される（アメリカ）	広島・長崎への原爆投下が国際法違反であったとみとめられる（下田判決）
1965年	日韓基本条約	インドネシアが国際連合を脱退（翌年に復帰）	国際連合安全保障理事会の非常任理事国に当選
1978年	日中平和友好条約	世界初の精神科病院の廃絶を定めた「180号法」が交付される（イタリア）	ベトナム難民の日本への定住を認める
1992年	化学兵器禁止条約	カンボジアの内戦終了後、国連カンボジア行政機構（UNTAC）発足	東海道新幹線で「のぞみ」が運転開始／長崎県佐世保市にハウステンボスが開業
2017年	核兵器禁止条約	ドナルド・トランプが第45代アメリカ大統領に就任	北朝鮮が弾道ミサイルを発射し、日本上空を通過（Jアラート発令）

条約・協定・憲章・議定書のちがい

「条約」「協定」「憲章」「議定書」は、それぞれ国家間での合意をあらわすことばですが、びみょうな意味のちがいがあります。まず、「条約」は、国と国とのあいだの基本的なとりきめをしめす文書のことをさします。「協定」は、条約にもとづいた具体的な事項（技術的な約束ごとなど）をふくんだもので、より詳細な内容をとりきめるための文書のことです。「憲章」は、組織や機関の設立などに関する文書をさします。そして「議定書」は、もともとの条約に追加や変更があった場合に使用されます。

さくいん

アメリカ・ニューヨーク国連本部の総会ホール。

●**監修／遠藤研一郎** （えんどう・けんいちろう）

中央大学法学部教授。法学部長。専門は民事法。1971年生まれ。中央大学大学院法学研究科博士前期課程修了。岩手大学人文社会科学部講師、助教授、獨協大学法学部助教授、中央大学法学部准教授を経て、現職。おもな著書に、『僕らが生きているよのなかのしくみは「法」でわかる 〜13歳からの法学入門』(大和書房)、『はじめまして、法学』(ウェッジ) など。

●**ニシ工芸株式会社** （池田真由子・高瀬和也）

児童書、一般書籍を中心に、編集・デザイン・組版をおこなっている。
制作物に『理科をたのしく！ 光と音の実験工作（全3巻）』、『かんたんレベルアップ 絵のかきかた（全3巻）』(以上、汐文社)、『くらべてみよう！ はたらくじどう車（全5巻）』、『さくら 〜原発被災地にのこされた犬たち〜』(以上、金の星社)、『学研の図鑑LIVE 深海生物』(学研プラス) など。

●**参考文献**

吉村祥子監修『国際機関の仕事 SDGs時代へ1 平和と人権を守る』(汐文社)
一般社団法人SDGs市民ネットワーク監修『SDGsを学んで新聞を作ろう 学ぼう！ SDGs』(金の星社)
（ホームページ）
外務省
https://www.mofa.go.jp/mofaj/area/oau/index.html
https://www.mofa.go.jp/mofaj/area/nato/index.html
https://www.mofa.go.jp/mofaj/area/latinamerica/kikan/oas.html
https://www.mofa.go.jp/mofaj/territory/page1w_000013.html#q1
https://www.mofa.go.jp/mofaj/area/usa/kankei_200508.html
https://www.mofa.go.jp/mofaj/area/usa/hosho/taisei.html

●**編集協力**
中山史奈、有限会社アクト（清郁美）
●**写真**
Pixta
Shutter stock
●**表紙デザイン**
ニシ工芸株式会社（小林友利香）
●**本文デザイン・DTP**
ニシ工芸株式会社（向阪伸一、山田マリア）
●**担当編集**
豊田たみ

調べ学習に役立つ
地球と平和を守る 国際条約
①平和
核兵器禁止条約・化学兵器禁止条約 ほか

2024年3月 初版第1刷発行

監 修 遠藤研一郎
発行者 三谷 光
発行所 株式会社汐文社
〒102-0071
東京都千代田区富士見1-6-1
TEL 03-6862-5200 FAX 03-6862-5202
URL https://www.choubunsha.com

印刷 新星社西川印刷株式会社
製本 東京美術紙工協業組合

ISBN 978-4-8113-3124-9
乱丁・落丁本はお取り替えいたします。
ご意見・ご感想はread@choubunsha.comまでお寄せください。